أبي

اللهم ارحم ابي واجعل المسك ترابه والحرير
فراشه واجعل قبره روضة من رياض الجنة
واغفر له وارحمه برحمتك يآارحم الراحمين

Publics concernés par cet eBook

Ce guide pas à pas peut intéresser plusieurs populations IT :

- DSI /RSSI ou encore Responsable Infrastructure
- Architecte Sécurité /Infrastructure
- Consultant Sécurité /Infrastructure
- Ingénieur Sécurité /Systèmes /Réseaux
- Administrateur Sécurité /Système /Réseau
- Technicien de Support /Système /Réseau /Sécurité
- Toute personne désirant planifier et mettre en place une politique de sécurité et de durcissement de son infrastructure RDS sous Windows Server 2016.

Connaissances souhaitables

Aucune connaissance technique particulière n'est requise, en revanche les connaissances techniques suivantes sont souhaitables :

- Gestion et Administration de Windows Server 2012, 2012 R2 ou encore 2016
- Conception, création et gestion des Objects de Stratégie de Groupe (GPO)

Contacter l'Auteur

Vos Feedbacks, commentaires et/ou questions techniques concernant ce guide peuvent être envoyés à l'adresse suivante : feedbacks@becomeitexpert.com

Vous pouvez :
- Suivre l'auteur sur Twitter : https://twitter.com/hicham_kadiri
- Se connecter avec lui sur LinkedIn : https://fr.linkedin.com/in/hichamkadiri
- Se connecter avec lui sur Viadeo : http://fr.viadeo.com/fr/profile/hicham.kadiri
- S'abonner à son Blog IT : https://hichamkadiri.wordpress.com

Livre indispensable sur RDS Windows Server 2016

Ce guide pas à pas contient toutes les informations dont vous avez besoin pour concevoir, préparer, déployer et gérer une infrastructure RDS 2016.
Il s'agit d'un « Best-Selling » qui a aidé plusieurs centaines d'IT à réussir des projets RDS de toute taille.

Ce Livre repose sur la mise en place
d'un projet RDS « Real-World » destiné à un
grand groupe européen et donc pour
plusieurs milliers d'utilisateurs distants.

Le format :: Broché :: est disponible
sur Amazon.fr

Typographie

La typographie suivante est utilisée dans cet eBook :

 DECISION ou VALIDATION

 NOTE ou REMARQUE

 AVERTISSEMENT

 ACTION A FAIRE

 PARAMETTRE ou CONFIGURATION

TABLE DES MATIERES

Chapitre 1. Rappel sur RDS 2016

RDS, qu'est-ce que c'est ?

Anciennement appelé **TSE** (**T**erminal **Se**rvices), **RDS** (**R**emote **D**esktop **S**ervices) appelé aussi Services Bureau à distance, est un rôle natif dans Windows Server 2016.

Il s'agit d'un ensemble de services permettant à un ou plusieurs utilisateurs d'accéder <u>simultanément</u> à des Applications publiées (Programmes RemoteApp), Bureaux Windows (Sessions Bureau à distance) ou encore à des postes de travail virtuels (VDI), et ce via le réseau local d'entreprise ou Internet.

Ces ressources sont accessibles via le client RDP (**R**emote **D**esktop **P**rotocol) et peuvent être distribuées via :

- ➡ Un Portail Web (personnalisable)
- ➡ Raccourcis RDP placés sur le Bureau Windows des Postes de travail
- ➡ Déploiement /intégration dans le Menu Démarrer ou l'Interface UI (Ecran d'accueil depuis Windows 8)
- ➡ Application « **Bureau à distance** » disponible dans Windows Store

La solution RDS est composée de 6 services de rôles :

- ➡ Hôte de Session Bureau à distance
  (**RD SH**: **R**emote **D**esktop **S**ession **H**ost)
- ➡ Hôte de Virtualisation des Services Bureau à Distance: depuis Windows Server 2008 R2
  (**RD VH**: **R**emote **D**esktop **V**irtualization **H**ost)
- ➡ Gestionnaire de licences des Services bureau à Distance
  (**RD LS**: **R**emote **D**esktop **L**icensing **S**erver)
- ➡ Service Broker pour les connexions Bureau à Distance
  (**RD CB**: **R**emote **D**esktop **C**onnection **B**roker)
- ➡ Passerelle des Services Bureau à distance
  (**RDG**: **R**emote **D**esktop **G**ateway)
- ➡ Accès Bureau à distance par le Web
  (**RD WA**: **R**emote **D**esktop **W**eb **A**ccess)

Le lecteur est invité à retenir les termes cités ci-dessus (RDSH, RDVH, RDWA, RDCB, RDG et RDLS) plutôt que les noms complets des services de rôles. Ces termes seront utilisés pour faciliter la lecture de ce guide.

Nouveautés RDS 2016

RDS Windows Server 2016 apporte un lot conséquent de nouveautés et d'améliorations qui répondent à plusieurs problématiques et besoins clients en matière de Virtualisation d'Apps et Postes de travail, notamment

➡ **Compatibilité d'Apps [Windows Server 2016 & Windows 10]** : conçu et développé sur la même base de Windows 10, Windows Server 2016 présente le même look et expérience utilisateur que ce dernier. En outre, plusieurs mêmes Applications sont fournies par défaut sur les deux OS Client et Server. Ce qui permet aux utilisateurs distants de retrouver "presque" le même environnement /espace de travail sur le serveur Bureau à distance.

➡ **Azure SQL Database pour la mise en HA de votre service RDCB** : parmi les grandes nouveautés de RDS 2016 est la prise en charge du service Azure SQL pour la mise en haute disponibilité du service Broker (RDCB : Remote Desktop Connection Broker).
Vous pouvez désormais "Bypasser" le déploiement d'une infrastructure SQL OnPrem complexe et envisagez un scénario "Hybride" en utilisant Azure SQL. En hébergeant la base de données RDS HA sur Azure SQL, vous bénéficiez de la puissance du Cloud Microsoft tout en réduisant le coût de votre projet RDS 2016.

➡ **MultiPoint services [MPS]** : il s'agit d'un nouveau rôle, désormais natif dans Windows Server 2016.

Le rôle MultiPoint Services a pour but de permettre à des postes clients économiques et à des clients légers de se connecter à un serveur via USB ou via Ethernet pour proposer à plusieurs utilisateurs des sessions individualisées sur un même serveur. L'idée est de fournir un bureau Windows 10 à de multiples utilisateurs sur un seul et même serveur Windows.

L'ancienne solution Windows MultiPoint Server, la version multi-utilisateurs de Windows, disparaît donc avec Windows Server 2016 pour devenir qu'un simple rôle natif du nouvel OS Server.

Notez que le service de rôle RDSH (Hôte de Session Bureau à distance) est installé automatiquement avec l'installation du rôle MultiPoint Services.

Enfin, MPS peut être installé via l'option "Installation des Services Bureau à distance"

➡ **Nouvelles Cmd-Lets PowerShell** : 6 nouvelles Cmd-Lets ont été ajoutées au Module PowerShell "RemoteDesktop", voir la liste ci-après:

- o Export-RDPersonalSessionDesktopAssignment
- o Get-RDPersonalSessionDesktopAssignment
- o Import-RDPersonalSessionDesktopAssignment
- o Remove-RDDatabaseConnectionString

- ○ Remove-RDPersonalSessionDesktopAssignment
- ○ Set-RDPersonalSessionDesktopAssignment

➡ **Nouveau mode de déploiement RDS 2016 [Personal Desktop Session]** : le mode "Personal Desktop Session" combine les deux modes de déploiement disponibles avec RDS 2012 /2012 R2 (Déploiement basé sur une Session & VM), ce qui veut dire qu'avec un déploiement RDS 2016 en mode Personal Session Desktops, vous pouvez mettre en place une infrastructure VDI sans utilisation d'OS Client J.

Le principe est simple, chaque utilisateur distant disposera d'un Serveur Hôte de Session dédié, ce dernier fera office d'un poste de travail virtuel comme dans une infrastructure VDI classique.

Je vous invite à consulter les deux articles suivants pour en savoir plus:

https://hichamkadiri.wordpress.com/2016/05/26/part1-nouveau-mode-de-deploiement-sous-rds-2016-personal-session-desktops-part1/

https://hichamkadiri.wordpress.com/2016/05/30/part2-nouveau-mode-de-deploiement-sous-rds-2016-personal-session-desktops/

➡ **Prise en charge des Apps OpenGL par RemoteFX vGPU :** avec RDS 2016, RemoteFX vGPU prend désormais en charge les Applications OpenGL. Les clients qui utilisent des applications graphiques nécessitant des capacités de mémoire vidéo élevées peuvent désormais virtualiser leurs Apps sur un environnement RDS sous Windows Server 2016.

➡ **Nouvelles capacités et améliorations du service Broker :** la gestion de connexions Bureau à distance par le service RDCB a été amélioré d'une manière considérable. En effet, un serveur Broker peut désormais gérer jusqu'à 10.000 demandes de connexions simultanées.

En savoir plus :
https://blogs.technet.microsoft.com/enterprise
mobility/2015/12/15/improved-remote-
desktop-connection-broker-performance-with-
windows-server-2016-and-windows-server-
2012-r2-hotfix-kb3091411/

➡ **Prise en charge de Microsoft Edge & Office 2016 :** le nouveau navigateur Web de Microsoft "Edge" est pris en charge dans un environnement RDS 2016 et peut être publié (sur un serveur RDSH) et distribué comme n'importe quel Programme RemoteApp aux utilisateurs distants. C'est le cas aussi pour la suite Microsoft Office 2016. Une version prenant en charge les services Bureau à distance 2016 est désormais disponible dans le store /plateforme MSDN.

➡ **Prise en charge des "VMs Génération 2" :** vous pouvez désormais utiliser des VMs Génération 2 comme des "Images Templates" pour créer des Pools de VMs ou VM Personal au sein de votre infrastructure RDS VDI 2016. Aucune configuration supplémentaire n'est requise.
Just Deploy and Enjoy :).

➡ **Nouvelle version du protocole RDP** : la version 10 du protocole RDP utilise désormais le codec H.264/AVC 444, ce qui permet une optimisation maximale des vidéos et texte sur un environnement Bureau à distance. Pour en savoir plus sur ces améliorations, je vous invite à consulter le lien ci-après :
https://blogs.technet.microsoft.com/enterprise
mobility/2016/01/11/remote-desktop-protocol-
rdp-10-avch-264-improvements-in-windows-10-
and-windows-server-2016-technical-preview/

➡ **RDP Planning Poster :** l'équipe Remote Desktop Services a publié un nouveau Poster qui vous aidera à préparer, concevoir et déployer votre infrastructure RDS sous Windows Server 2016.
Voir la Big-Picture ci-après :

Ce Poster est téléchargeable gratuitement à l'URL ci-après :
https://technet.microsoft.com/en-us/windows-server-docs/compute/remote-desktop-services/rds-poster

Enfin, une vidéo détaillant d'autres améliorations apportées à RDS Windows Server 2016 est disponible à l'URL suivante :

https://hichamkadiri.wordpress.com/2016/12/02/video-ameliorations-apportees-a-rds-windows-server-2016/

Terminologie RDS 2016

Les termes techniques liés à la technologie RDS sont détaillés dans le tableau ci-après :

Terme	Description
RDS	Remote Desktop Services
RDP	Remote Desktop Protocol
TSE	Terminal Services
RD	Remote Desktop
RDC	Remote Desktop Connection
RDSH	Remote Desktop Session Host
RDCB	Remote Desktop Connection Broker
RDWA	Remote Desktop Web Access
RDLS	Remote Desktop Licensing Server
RDVH	Remote Desktop Virtualization Host
RDG	Remote Desktop Gateway
RDG CAP	RDG Connection Access Policy
RDG RAP	RDG Resource Access Policy
CAL	Client Access License
VDI	Virtual Desktop Infrastructure
NLA	Network Level Authentication
MSI	Microsoft Installer Package
AD DS	Active Directory Domain Services
APP-V	Application Virtualization
SSL	Secure Sockets Layer
TLS	Transport Layer Security
SCVMM	System Center Virtual Machine Manager
VMM	Virtual Machine Manager
UPD	User Profile Disks
WSRM	Windows System Resource Manager
DFSS	Dynamic Fair Share Scheduling
GPO	Group Policy Objects
GPMC	Group Policy Management Console
GPEDIT	Group Policy Editor
SQL DB	SQL DataBase
SSMSE	SQL Server Management Studio Express
RDS HA	Remote Desktop Services High Availability
RemoteApp	Remote Application

SSO	Single Sign-On
NLB	Network Load Balancing

Architecture RDS 2016

Dans une architecture RDS 2016 standard, les différents composants cités ci-dessus sont répartis de la manière suivante :

Architecture d'une infrastructure RDS (2008 R2 et ultérieur)

Ce que vous devez connaître

Certaines limitations liées aux Services Bureau à distance par rapport aux Editions Windows Server 2016 existent.

En effet, l'ensemble des Services Bureau à distance ne sont présents que sur les Editions Datacenter et Standard.

L'édition Essentials inclut uniquement le service de rôle
« Passerelle RDS » avec certaines limitations, voir le tableau
ci-après pour en savoir plus :

Composant	Datacenter	Standard	Essentials
RDG			⚠ (1)

 : Présent /Complet | ⚠ : Présent /Restreint

(1) : La passerelle RDS est installée /configurée
Automatiquement. Les autres services de rôles ne sont
pas supportés.

Windows Server 2016 n'est plus proposé en
Edition « Foundation » comme c'est le cas
avec Windows Server 2012 R2.

Chapitre 2. Sécuriser votre infrastructure RDS 2016

Introduction

Différents niveaux et technologies de sécurité peuvent être implémentés pour sécuriser et protéger votre infrastructure RDS 2016.

Vous pouvez utiliser des certificats SSL pour authentifier vos serveurs RDSH, RDWA, RDCB ou encore RDG. Un certificat SSL permet de vérifier l'identité du serveur distant et de s'assurer que les informations d'authentification communiquées lors de la connexion Bureau à distance ne soient pas envoyées sur un « faux » serveur RDS ou un programme malveillant.

De plus, pour éviter toute interception et récupération des données RDP échangées entre le client et le serveur RDSH, un chiffrement renforcé basé sur une clé 128 bits peut être implémenté, ce qui permet de garantir un niveau d'Encryption élevé des données envoyées depuis et vers le serveur RDSH.

Ce chapitre détaille toutes les options, fonctionnalités et technologies de sécurité pris en charge par la solution RDS 2016 et montre comment les implémenter au sein de votre S.I afin de vous protéger contre les menaces et attaques informatiques ciblant le rôle RDS et tous ses services associés.

Niveaux de sécurisation RDS 2016

La sécurisation d'une infrastructure RDS 2016 dans son intégralité implique la sécurisation des deux couches suivantes :

⮞ Sécurisation de l'environnement Utilisateur RDS
⮞ Sécurisation des connexions et données RDP

Sécurisation de l'environnement Utilisateur RDS

Ce niveau de sécurisation comprend les configurations suivantes :

- Sécuriser l'accès au serveur RDSH : Lockdown mode
- Empêcher les utilisateurs d'exécuter des Applications indésirables

Sécuriser l'accès au serveur RDSH

Quel que soit le type de ressources publiées sur une Collection de Session (Programme RemoteApp ou Bureau Windows), un utilisateur Bureau à distance peut ouvrir une Session Bureau à distance sur tous les serveurs RDSH faisant partie de la Collection à laquelle il a accès.

En effet, l'accès aux Programmes RemoteApp donne automatiquement le droit d'ouvrir des Sessions Bureau à distance.

Aujourd'hui, les entreprises exigeant un niveau de sécurité élevé de leur S.I, n'acceptent pas qu'un utilisateur RDS « **Lambda** » puisse voir et naviguer entre les différentes partitions et disques du serveur RDSH distant.

Sachez qu'en tant qu'Administrateur ou Responsable de la plateforme RDS, vous pouvez mettre en place et configurer un certain nombre de paramètres pour verrouiller les serveurs RDSH du déploiement et sécuriser au maximum l'accès à ceux-ci.

Pour remédier à ce problème de sécurité, certains paramètres de stratégie de groupe peuvent être configurés pour restreindre l'accès à la plupart des options et composants des serveurs RDSH du déploiement, notamment :

- Restreindre la redirection des ressources et périphériques
- Restreindre la redirection des imprimantes
- Restreindre l'accès au Panneau de configuration
- Restreindre l'installation des Pilotes d'imprimantes
- Restreindre l'accès au Registre
- Restreindre l'accès aux Mises à jour automatiques de Windows
- Restreindre l'accès au Menu Démarrer et aux options Réseau
- Cacher les icones du Bureau
- Restreindre l'accès au Lecteur CD et Lecteur de Disquette
- Restreindre l'accès aux lecteurs locaux
- Restreindre l'accès à l'Invite de commande
- Restreindre l'accès au Gestionnaire des Tâches
- Restreindre l'accès à la base de Registre (BDR)
- Restreindre l'accès aux commandes : Arrêter, redémarrer le serveur…

Le Hardening d'OS Server hébergeant le service de rôle RDSH peut se faire via l'utilisation /configuration des paramètres de stratégies de groupes détaillés ci-après :

⇨ Restreindre la redirection des ressources et périphériques

La restriction de la redirection des ressources et périphériques locaux peut être configurée au niveau de :

- Configuration Ordinateur | Stratégies | Modèles d'Administration | Composants Windows | Services Bureau à distance | Hôte de la session Bureau à distance | Redirection de périphérique et de ressource

⇨ Restreindre la redirection des imprimantes

La restriction de la redirection des imprimantes peut être configurée au niveau de :

- Configuration Ordinateur | Stratégies | Modèles d'Administration | Composants Windows | Services Bureau à distance | Hôte de la session Bureau à distance | Redirection de l'imprimante

⇨ Restreindre l'accès au Panneau de configuration

La restriction de l'accès au panneau de configuration peut être configurée au niveau de :

- Configuration Utilisateur | Stratégies | Modèles d'Administration | Panneau de Configuration

  ○ Paramètre : **Interdire l'accès au Panneau de Configuration et à l'application Paramètres du PC**

⇨ Restreindre l'installation des Pilotes d'imprimantes

La restriction de l'installation des pilotes d'imprimantes peut être configurée au niveau de :

- Configuration Ordinateur | Stratégies | Paramètres Windows | Paramètres de Sécurité | Stratégies locales | Options de Sécurité

  ○ Paramètre : **Périphériques : empêcher les utilisateurs d'installer les Pilotes d'imprimantes**

⇨ Restreindre l'accès au Registre

La restriction de l'accès au Registre peut être configurée au niveau de :

- Configuration Utilisateur | Stratégies | Modèles d'Administration | Système

- o Paramètre : **Empêcher l'accès aux outils de modification du Registre**

⇨ Restreindre l'accès aux Mises à jour automatiques de Windows

La restriction de l'accès aux Mises à jour Windows peut être configurée au niveau de :

- Configuration Utilisateur | Stratégies | Modèles d'Administration | Système

  - o Paramètre : **Mises à jour automatique Windows**

⇨ Restreindre l'accès au Menu Démarrer et aux options Réseau

La restriction de l'accès au Menu Démarrer et options Réseau peut être configurée au niveau de :

- Configuration Utilisateur | Stratégies | Modèles d'Administration | Menu Démarré et barre des tâches

  - o Paramètres : **désactiver les paramètres qui répondent à votre besoin !**

⇨ Cacher les icones du Bureau

Les icônes du Bureau peuvent être cachées au niveau de :

- Configuration Utilisateur | Stratégies | Modèles d'Administration | Bureau

  - o Paramètres :
    Masquer et désactiver tous les éléments du Bureau
    Supprimer Poste de travail du Bureau

⇨ Restreindre l'accès au Lecteur CD et Lecteur de Disquette

La restriction de l'accès au lecteur CD et Disquette peut être configurée au niveau de :

- Configuration Ordinateur | Stratégies | Paramètres Windows | Paramètres de Sécurité | Stratégies locales | Options de Sécurité

  o Paramètres :
  - Périphériques : Autoriser l'accès au CD-ROM uniquement aux utilisateurs ayant ouvert une session localement
  - Périphériques : ne permettre l'accès aux disquettes qu'aux utilisateurs connectés localement

⇨ Masquer les lecteurs locaux du serveur RDSH

Pour masquer les lecteurs locaux d'un serveur RDSH, le paramètre de stratégie de groupe suivant est à configurer :

- Configuration Utilisateur | Modèles d'Administration | Composants Windows | Explorateur de fichiers

  o Paramètre : **Dans Poste de travail, masquer ces lecteurs spécifiés**

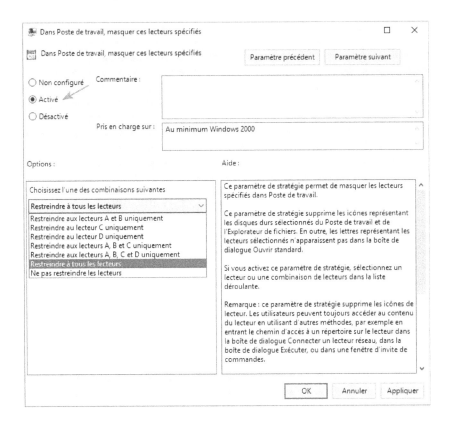

⇨ Restreindre l'accès aux boutons « Arrêter, Redémarrer ... »

La restriction de l'accès aux boutons Arrêter, redémarrer ... peut être configurée au niveau de :

- Configuration Utilisateur | Stratégies | Modèles d'Administration | Menu Démarrer et barre des tâches

  o Paramètre : **Supprimer et empêcher l'accès aux commandes Arrêter, Redémarrer, Mettre en veille et Mettre en veille prolongée**

⇨ Restreindre l'accès au Menu « Exécuter »

La restriction de l'accès au menu « Exécuter » peut être configurée au niveau de :

- Configuration Utilisateur | Stratégies | Modèles d'Administration | Menu Démarrer et barre des tâches

  o Paramètre : **Supprimer le menu Exécuter du menu Démarrer**

➪ Restreindre l'accès à l'Invite de commande

La restriction de l'accès à l'Invite de commande (cmd.exe) peut être configurée au niveau de :

- Configuration Utilisateur | Stratégies | Modèles d'Administration | Système

  o Paramètre : **Désactiver l'accès à l'Invite de commande**

➪ Restreindre l'accès au Gestionnaire des Tâches

Cette restriction peut être configurée au niveau de :

- Configuration Utilisateur | Stratégies | Modèles d'Administration | Système | Options Ctrl+Alt+Suppr

  o Paramètre : **Supprimer le Gestionnaire des tâches**

➪ Désactiver le lancement automatique du « Gestionnaire de Serveur »

Cette restriction peut être configurée au niveau de :

- Configuration Ordinateur | Stratégies | Modèles d'Administration | Système | Gestionnaire de Serveur

  o Paramètre : **Ne pas afficher automatiquement le Gestionnaire de serveur à l'ouverture de session**

⇨ Restreindre l'accès aux « Outils d'Administration »

Cette restriction peut être configurée au niveau de :

- Configuration Ordinateur | Stratégies | Paramètres Windows | Paramètres de sécurité | Stratégies Locales | Options de sécurité | Système de fichiers

   o Valeur :
     %AllUsersProfile%\Microsoft\Windows\Start Menu\Programs\Administrative Tools

⇨ Restreindre l'accès à « Windows PowerShell »

Cette restriction peut être configurée au niveau de :

- Configuration Ordinateur | Stratégies | Paramètres Windows | Paramètres de sécurité | Stratégies Locales | Options de sécurité | Système de fichiers

   o Valeur :
     %AllUsersProfile%\Microsoft\Windows\Start Menu\Programs\System Tools\Windows PowerShell.lnk

⇨ Restreindre l'accès au raccourci 'Gestionnaire de Serveur'

Cette restriction peut être configurée au niveau de :

- Configuration Ordinateur | Stratégies | Paramètres Windows | Paramètres de sécurité | Stratégies Locales | Options de sécurité | Système de fichiers

   o Valeur :
     %AllUsersProfile%\Microsoft\Windows\Start Menu\Programs\Administrative Tools\Server Manager.lnk

⇨ Restreindre l'accès à tous les disques amovibles

Cette restriction peut être configurée au niveau de :

- Configuration Utilisateur | Stratégies | Modèles
  d'Administration | Système | Accès au stockage amovible

  o Paramètre : **Toutes les classes de stockage amovible
    : refuser tous les accès**

Restreindre l'exécution des Applications indésirables

Certaines applications sont jugées « indésirables », vous
pouvez bloquer le lancement et l'exécution de celles-ci par les
utilisateurs Bureau à distance.

Deux paramètres de Stratégies de groupes peuvent être
configurés pour mettre en place ce type de restriction, et ce
au niveau :

- Configuration Utilisateur | Stratégies | Modèles
  d'Administration | Système
  o Paramètres :
    **-Ne pas exécuter les applications Windows
    spécifiées
    -Exécuter uniquement les applications Windows
    spécifiées**

Les Stratégies de Restrictions Logicielles
(SRP : Software Restriction Policies) fournies
avec Windows Server 2016 peuvent être
implémentées pour définir une « Whitelist »
contenant la liste des Programme
(RemoteApp) autorisés.

Suivez les instructions ci-après pour
configurer les stratégies SRP pour les
serveurs RDSH. Notez que la GPO contenant
les SRP doit être appliquée aux serveurs
RDSH uniquement.

Lancez l'outil GPMC.msc et naviguez jusqu'au :

- Configuration Ordinateur | Stratégies | Paramètres Windows | Paramètres de sécurité | Stratégies de restriction logicielles

Faites un clic-droit sur le conteneur « **Stratégies de restriction logicielle** » et sélectionnez « **Nouvelles stratégies de restriction logicielle** »

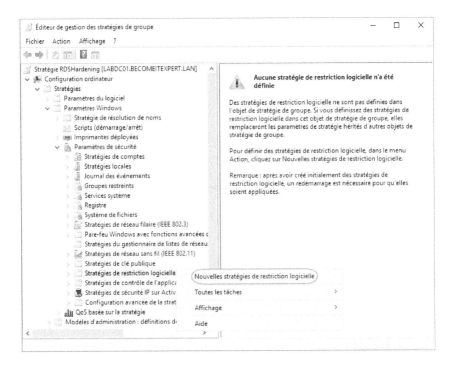

Un ensemble de dossiers et paramètres est automatiquement généré, double-cliquez sur « **Contrôle obligatoire** » et veillez à bien cocher l'option « **Tous les utilisateurs exceptés les administrateurs locaux** ». Cela évitera une restriction logicielle pour les Admins du domaine qui sont automatiquement « Administrateurs locaux » des serveurs RDSH :

Les SRPs s'appuient sur un service Windows nommé « **Identité de l'application** ». Lors de l'ouverture de session, le service Identité de l'application est appelé pour vérifier la liste des Apps autorisées à s'exécuter en fonction des informations d'authentification de l'utilisateur connecté. Ce service doit être configuré avec un mode de démarrage « **Automatique** ». S'il est arrêté, les stratégies SRPs ne sont pas appliquées et les utilisateurs RDS peuvent à tout moment lancer et exécuter toute application installée sur le(s) serveur(s) RDSH. Pour définir un démarrage « Automatique » du service « Identité de l'application », naviguez jusqu'au :

Configuration Ordinateur | Stratégies | Paramètres Windows | Paramètres de sécurité | Services système | Identité de l'application

Double-cliquez sur le service, cochez « **Définir ce paramètre de stratégie** » et sélectionnez **Automatique :**

La fonctionnalité AppLocker fournit avec Windows Server 2016 vous permet également de configurer des stratégies et des règles d'exécution d'Applications par les utilisateurs du réseau.

 Le principal outil (graphique) d'implémentation et de gestion des Stratégies et Règles AppLocker est l'Editeur de Stratégie de Groupe. Voir images suivantes :

Configuration Ordinateur | Stratégies | Paramètres Windows | Paramètres de sécurité | Stratégies de contrôle de l'application | **AppLocker**

 Un guide pas à pas traitant la conception et l'implémentation d'une infrastructure AppLocker sous Windows Server 2016 est disponible sur BecomeITExpert.com

Limiter l'accès à vos Collections RDS

Une bonne pratique consiste à limiter l'accès à la Collection RDS (Session ou Bureaux Virtuels) regroupant vos serveurs RDSH ou RDVH.

En effet, le groupe « Utilisateurs du domaine » est défini (autorisé) par défaut sur toute Collection RDS nouvellement créée. Cela donne accès aux ressources RDS publiées à tout utilisateur du domaine disposant un login et mot de passe valide dans votre annuaire Active Directory.

Faites donc le listing des utilisateurs et groupes d'utilisateurs devant être autorisés à y accéder et définissez les au niveau de la Collection, pour ce faire :

- Editez les propriétés de la Collection
- Rendez-vous dans le volet **Groupes d'utilisateurs**
- Supprimez le groupe de sécurité défini par défaut « Utilisateurs du domaine » et ajoutez le ou les groupes à autoriser

Sécuriser les connexions et données RDP

Authentifier vos Serveurs de déploiement RDS

Afin d'approuver les serveurs RDSH distants et vérifier leurs identités lors de l'authentification des utilisateurs Bureau à distance, vous devez configurer la couche de sécurité utilisée sur votre collection RDS et la définir à : SSL (TLS 1.0).

Ce paramètre vous permet de forcer l'utilisation du certificat SSL pour protéger les informations d'authentifications communiquées par vos utilisateurs distants à l'aide d'un algorithme **HMAC** (Keyed-**H**ashing for **M**essage **A**uthentication **C**ode).

Par défaut, la couche de sécurité est définie à « **Négocier** » :

Le mode « Négocier » applique la méthode la plus sécurisée qui est prise en charge par le client distant. Si la couche TLS V1.0 est prise en charge, elle sera utilisée pour authentifier le serveur RDSH. Si TLS n'est pas pris en charge, le chiffrement RDP natif est utilisé pour sécuriser les communications, en revanche, le serveur RDSH n'est pas authentifié.

Pour définir la couche de sécurité à « SSL (TLS 1.0) », éditez les propriétés de la Collection regroupant vos serveurs RDSH, cliquez sur « **Sécurité** » et sélectionnez « **SSL (TLS 1.0)** » comme valeur du paramètre « **Couche de sécurité** ».

Ce paramètre peut également être configuré via GPO, il est accessible au niveau de :

Configuration Ordinateur | Stratégies | Modèles d'Administration | Composants Windows | Services Bureau à distance | Hôte de la session Bureau à distance | Sécurité

Paramètre : **Nécessite l'utilisation d'une couche de sécurité spécifique pour les connexions distantes (RDP)**

Pour authentifier les serveurs RDSH, il est fortement recommandé d'utiliser la couche de sécurité « SSL (TLS 1.0) ».

Si vos clients distants ne prennent pas en charge le protocole TLS, la connexion Bureau à distance échoue ! Pensez à vérifier ce prérequis au préalable.

Chiffrer les données RDP

Pour protéger les données envoyées et reçues entre les serveurs RDSH et les clients distants, vous devez utiliser un niveau de chiffrement « **Élevé** », ce paramètre doit être configuré au niveau de vos collections RDS. Il s'agit d'un mode de chiffrement renforcé basé sur une clé 128bits (niveau maximal). De plus, ce niveau de sécurité permet le chiffrement des données dans les deux sens :

> ⇒ Données transférées depuis le client vers le serveur
> ⇒ Données transférées depuis le serveur vers le client

Pour activer ce niveau de chiffrement, éditez les propriétés de la Collection regroupant vos serveurs RDSH, cliquez sur « **Sécurité** » et sélectionnez ensuite « **Élevé** » comme valeur du paramètre « **Niveau de chiffrement** » :

Ce paramètre peut également être configuré via GPO, il est accessible au niveau de :

Configuration Ordinateur | Stratégies | Modèles d'Administration | Composants Windows | Services Bureau à distance | Hôte de la session Bureau à distance | Sécurité

Paramètre : **Définir le niveau de chiffrement de la connexion client**

Utiliser l'authentification NLA

L'authentification **NLA** (**N**etwork **L**evel **A**uthentication) permet au serveur RDSH de vérifier et valider les informations d'authentification communiquées par le client distant avant de créer son environnement RDS (Session Bureau à distance). Le but étant de vérifier l'identité de l'utilisateur distant demandant une ouverture de Session avant de créer sa session et lancer tous les processus associés.

De plus, ce mode d'authentification offre une couche de défense contre les attaques par Déni de Service (**DoS** : **D**enial **of S**ervice).

L'authentification NLA est basée sur le protocole **CredSSP** (**Cred**ential **S**ecurity **S**upport **P**rovider), il s'agit d'un prérequis qui doit être pris en charge par les postes clients RDS. CredSSP permet au client RDC (MSTSC.exe) d'utiliser le fournisseur de services sécurisés côté client afin de transmettre les informations d'authentification utilisateur à partir de l'ordinateur client vers le serveur cible.

 Le couple NLA/CredSSP s'appuie sur l'Active Directory pour valider les informations d'identification des utilisateurs Bureau à distance. Au moins un DC doit être joignable lors de la connexion Bureau à distance, sinon celle-ci échoue [Accès refusé]

Notez que l'authentification NLA est activée par défaut sur toute Collection RDS (Session ou VDI) nouvellement créée.

Vous pouvez éditer les propriétés de la Collection regroupant vos serveurs RDSH, cliquez sur « **Sécurité** » et vérifiez l'activation (par défaut) de l'authentification NLA :

Ce paramètre peut également être configuré via GPO, il est accessible au niveau de :

Configuration Ordinateur | Stratégies | Modèles d'Administration | Composants Windows | Services Bureau à distance | Hôte de la session Bureau à distance | Sécurité

Paramètre : **Requérir l'authentification utilisateur pour les connexions à distance à l'aide de l'authentification au niveau du réseau**

Modifier le port RDP par défaut (3389 TCP)

Par défaut, une machine Windows (Client ou Server) sur laquelle les connexions Bureau à distance ont été activées /autorisées, écoute sur le port 3389 (TCP), ce dernier correspond au protocole RDP (Remote Desktop Protocole).

Pour le constater, ouvrez une Session (locale) sur une machine (Physique ou Virtuelle) ayant le RDP activé, lancez l'invite de commande (CMD.exe) en tant qu'Administrateur et saisissez **NetStat -a**, enfin notez l'existence du port d'écoute 3389 :

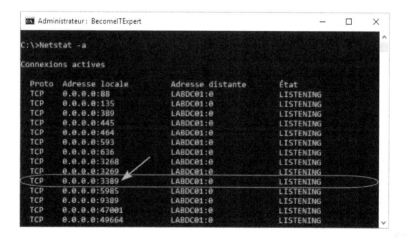

L'utilisation du port par défaut (3389 :: TCP) présente plusieurs vulnérabilités au sein d'un S.I et offre aux Hackers la possibilité d'effectuer plusieurs types d'attaques, notamment :

- ➔ Attaque par Brute-Force
- ➔ Attaque par DoS (**D**enial **o**f **S**ervice)
- ➔ Attaque par MITM (**M**an-**I**n-**T**he-**M**iddle)

En effet, tous les hackers qui s'en prennent aux connexions RDP s'appuient sur le port 3389 pour provoquer un DoS ou brute-forcer une machine Windows.

Prenons l'exemple de la vulnérabilité MS12-020 qui a été détectée dans le protocole RDP, elle permet un déni de service (DoS) via l'utilisation du port 3389.

Il est donc fortement recommandé de changer le port RDP par défaut [TCP : 3389] et en définir un autre « Personnalisé ». Vous pouvez utiliser un numéro de port situé entre 1025 et 65535

Dans notre l'exemple suivant, le port 9933 sera configuré.

HowTo : changer le port RDP par défaut

Le port RDP par défaut peut être changé via :

Le Registre (BDR : Base De Registre)

Suivez les instructions suivantes pour changer le port RDP par défaut via le Registre :

- Lancez l'outil **RegEdit.exe** (depuis le Menu Démarrer /Exécuté ou Welcome Screen)
- Naviguez jusqu'au : **HKLM\SYSTEM\CurrentControlSet\Control\Terminal Server\WinStations\RDP-Tcp**
- Localisez et éditez la clé DWORD « **PortNumber** »
- Enfin, définissez un nouveau port (**Base > Décimale**)
-

Objets de Stratégie de groupe (GPO)

Suivez les instructions suivantes pour changer le port RDP par défaut via GPO :

Suivez les instructions suivantes pour changer le port RDP par défaut via le Registre :

- Créez une nouvelle GPO ou éditez une GPO existante, naviguez ensuite jusqu'au : **Configuration Ordinateur | Préférences | Paramètres Windows**

- Faites un clic-droit sur « **Registre** » et sélectionnez « **Elements Registre** »

- Remplissez les champs comme suit :

- Liez votre GPO aux OUs contenant les objets AD «
  Ordinateurs » correspondant à vos serveurs RDSH.

- Enfin, lancez un GpUpdate.exe depuis un serveur sur
  lequel la GPO a été linkée et notez le changement.

Script PowerShell

Suivez les instructions suivantes pour changer le port RDP par
défaut via Script PowerShell :

Un script PowerShell a été développé par mes soins et uploadé sur la Gallery TechNet > Scripts Center.

Il vous permet de changer le numéro de port RDP par défaut en deux clics, il suffit de l'exécuter, renseigner le nouveau numéro de port RDP et valider le changement en cliquant sur la touche « Entrée » du clavier.

Ce script est téléchargeable à l'URL suivante :

http://urlz.fr/4zBW

Outil « RDP Port Configurator »

RDP Port Configurator est un outil gratuit (exécutable) qui vous permet de changer le port RDP par défaut via une interface graphique simplifiée :

Il est disponible en téléchargement gratuit sur le site https://becomeitexpert.com > rubrique « **TOOLBOX** ».

Notez que le changement de port RDP par défaut nécessite un redémarrage de votre machine. Si vous devez apporter ce changement sur une ou plusieurs machines de production, pensez à planifier cette opération et surtout le « Downtime » qui aura lieu lors du redémarrage de la machine.

Enfin, quand vous utilisez un port autre que le 3389 pour les connexions Bureau à distance, vous devez le spécifier après l'adresse (IP ou Hostname) de l'ordinateur distant, dans notre cas la connexion bureau à distance se fait sur Nom_Serveur_RDS:9933

Liste complète des paramètres GPO liés à RDS

Si nécessaire, d'autres paramètres de stratégies de groupe liés à RDS peuvent être activés et configurés et ce via l'arborescence suivante :

Configuration Ordinateur | Stratégies | Modèles d'Administration | Composants Windows | Services Bureau à distance

Configuration Utilisateur | Stratégies | Modèles d'Administration | Composants Windows | Services Bureau à distance

Auditer les connexions Bureaux à distance

Par défaut, toutes les connexions Bureau à distance (réussies et échouées) sont auditées et remontées au niveau de l'Observateur d'événements (EventVwr.msc).

Le Serveur RDCB collecte et écrit directement les événements dans le journal suivant :

Journaux des applications et des services > Microsoft > Windows > TerminalServices-SessionBroker > **Opérationnel**

Dans l'exemple suivant, l'utilisateur « hkadiri : Hicham KADIRI » s'est connecté (avec succès) sur le serveur Hôte de Session « LABRDS01 » faisant parti du domaine **BecomeITExpert.lan**

Protection contre les attaques « Brute-force »

RDP Defender est une sorte de Pare-feu (Firewall) RDP. Il s'agit d'un outil puissant capable de détecter toute tentative d'intrusion de type « Brute-Force » et bloquer les adresses IP dont le nombre de tentatives de connexions dépasse celui spécifié dans les paramètres. RDP Defender vous permet également de définir une liste-blanche (Whitelist) en saisissant les adresses IP autorisées, enfin il fournit un log détaillé des tentatives de connexions échouées, que vous pouvez consulter à tout moment.

Dans l'exemple suivant, RDP Defender a été déployé et exécuté sur une de mes VMs hébergées sur Microsoft Azure.

Elle est accessible (via réseau public) sur le port par défaut 3389, après 24 heures d'exécution, RDP Defender a déjà empêché une dizaine d'attaque Brute-force, voir la liste d'adresses IP « Blacklistées » suivante :

RDP Defender - v1.4 - TerminalServicePlus.com — ☐ ✕

File   View   Tools   Service   Help

RDP Defender Status

⦿ RDP Defender Service is Running - You are Protected

⦿ Windows Logon Audit is Enabled - Logon Failures are Monitored

⦿ Windows Firewall is Enabled - Blocked IPs cannot connect

Blocked IPs

144.76.16.176	12/26/2016 12:42 AM
13.82.63.151	12/26/2016 1:33 AM
153.127.199.192	12/26/2016 1:33 AM
40.126.225.189	12/26/2016 1:39 AM
52.187.67.101	12/26/2016 1:53 AM
123.252.131.186	12/26/2016 5:15 AM
220.225.78.2	12/26/2016 5:29 AM
201.211.39.2	12/26/2016 9:51 AM
77.245.148.172	12/26/2016 9:52 AM
81.169.128.227	12/26/2016 11:35 AM

 Unblock IP

Provided by TerminalServicePlus.com

Pour conclure, cet outil est une réelle protection contre les tentatives d'attaques RDP.

Il est téléchargeable gratuitement à l'URL ci-après :

https://becomeitexpert.com/toolbox/RDPDefender.zip

 L'outil RDP Defender doit être installé et exécuté (en permanence) sur chaque serveur RDSH du déploiement.

Contrôler les Sessions Bureau à distance

L'une des grandes nouveautés, déjà introduite avec RDS 2012 et 2012 R2 est la disponibilité du mode « **Session Shadowing** », ce dernier permet aux IT assurant le support RDS aux utilisateurs distants de surveiller et contrôler leurs sessions pour pouvoir les dépanner.

Le mode « Session Shadowing » est accessible via :

> ⮑ Le Gestionnaire de Serveur
> ⮑ L'outil MSTSC.exe

Surveiller ou Contrôler une Session RDS avec le Gestionnaire de Serveur

- Commencez par lancer un Programme RemoteApp ou ouvrir une Session Bureau à distance sur un des serveurs RDSH du déploiement. Le but est d'avoir une session active sur la Collection pour pouvoir la surveiller ou contrôler par la suite.
- Lancez le Gestionnaire de Serveur et cliquez sur « **Services Bureau à distance** »
- Cliquez ensuite sur votre Collection
- Toutes les Sessions actives sur la Collection sont affichées sous « **CONNEXIONS** »
- Faites un clic-droit sur la Session à surveiller ou à contrôler et sélectionnez « **Cliché instantané** »
- La boite de dialogue suivante s'affiche, sélectionnez « **Afficher** » pour surveiller la Session distante (partage d'écran uniquement) ou « **Contrôler** » si vous souhaitez intervenir sur la Session distante :

  - o **Note :** nous allons dans un premier temps demander la surveillance de la Session distante

- La demande de surveillance apparaît sur la Session de l'utilisateur distant :

- Une fois acceptée, vous pouvez commencer à surveiller la Session Bureau à distance de votre utilisateur RDS et prendre connaissance de toutes les opérations réalisées par ce dernier.

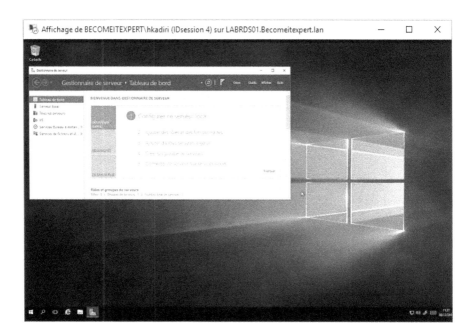

- Si vous demandez le contrôle de la session distante, l'utilisateur RDS reçoit la demande suivante :

- Une fois acceptée, vous prenez le contrôle de la Session Bureau à distance, vous pouvez donc manipuler et opérer comme si vous étiez connecté d'une manière interactive.

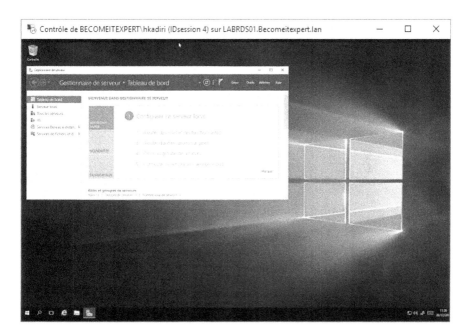

Surveiller ou Contrôler une Session RDS avec l'outil MSTSC.exe

L'outil MSTSC peut également être utilisé pour surveiller et contrôler les Sessions Bureau à distance.

Vous devez en revanche collecter des informations sur la session distante et connaître au moins son ID pour pouvoir la surveiller ou contrôler via l'outil MSTSC.exe, pour ce faire :

- Lancez l'Invite de commande (cmd.exe) ou Windows PowerShell en tant qu'Administrateur et saisissez la commande suivante pour lister les Sessions actives sur un serveur RDSH donné (LABRDSH2 dans l'exemple suivant) :

QUERY SESSION /SERVER:LABRDSH2

- Comme illustré dans l'image ci-après, la session de l'utilisateur hkadiri porte l'ID 1, pour surveiller cette session, il suffit de lancer la commande suivante en spécifiant le serveur RDSH qui héberge la Session et l'ID de celle-ci :

MSTSC /V:LABRDSH2 /SHADOW:1

- Pour contrôler cette fois-ci la session, le paramètre /CONTROL doit être spécifié après le paramètre /SHADOW, la commande à utiliser est donc :

MSTSC /V:LABRDSH2 /SHADOW:1 /CONTROL

Utiliser un outil d'enregistrement vidéo de Session Bureau à distance

Une nouvelle solution de sécurisation et monitoring des environnements TSE /RDS a vu le jour ces dernières années, il s'agit d'une technologie de recording video de Sessions Bureau à distance.

Grace à ce logiciel d'enregistrement de données RDP, vous pouvez désormais capturer et enregistrer (sous format Vidéo) toute les opérations effectuées par vos utilisateurs Bureau à distance.

Aujourd'hui, les entreprises (de toutes tailles) sont de plus en plus intéressées par ce type de solution.

Ci-après une liste « TOP 3 » des produits qui existent aujourd'hui sur le marché :

Produit /Fonctionnalité	Editeur
TSRecord	TSFactory
Session Video Recording	TechInLine
Secret Server (fonctionnalité Session Recording)	ThyCotic

Personnellement j'utilise et préconise à mes clients TSRecord car il est simple d'utilisation et reste l'outil le plus complet au niveau des options et fonctionnalités à mettre en place.

Dans l'exemple suivant, la session RDS de l'utilisateur **« vLAB\jdeo »** a été enregistrée. Après avoir visionné l'enregistrement vidéo, j'ai constaté que cet utilisateur RDS a essayé d'accéder à un outil ou une Application Windows dont il ne dispose pas des droits d'accès :

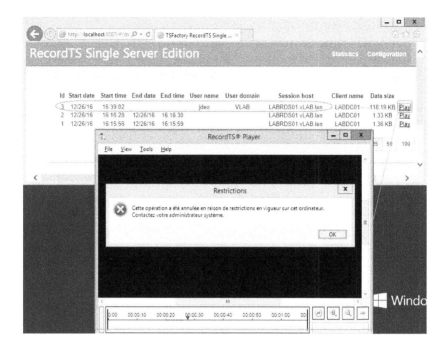

Chapitre 3. Utiliser une Passerelle RDS (RDG)

Sécuriser l'accès depuis l'extérieur

La mise en place d'une Passerelle RDS (**RDG** : **R**emote **D**esktop **G**ateway) devient vite primordiale si votre infrastructure RDS doit être accessible depuis l'extérieur, par exemple à des utilisateurs externes tels que :

➡ Télétravailleurs
➡ Fournisseurs
➡ Clients
➡ Partenaires
➡ D'autres sites & filiales
➡ ...

Il est fortement déconseillé d'exposer les serveurs RDSH et/ou RDVH à Internet en autorisant les communications en direct sur le port TCP 3389 entre utilisateurs externes et la ferme de serveurs RDS interne, cela représente une vulnérabilité importante (cf sous-chapitre : Modifier le port RDP par défaut 3389 TCP).

Cette dernière est d'ailleurs détectée et remontée par la plus part des outils d'audit de sécurité et notamment les outils de « **PenTest** : **Pen**etration **Test** ».

A l'aide de <u>Stratégies d'autorisation de Connexions et d'Accès aux ressources</u> (Stratégies CAP & RAP), la Passerelle RDS, souvent placée en DMZ, vous permet de protéger et d'isoler les ressources internes (Programmes RemoteApp, Bureaux Windows ou Virtuels) situées sur le réseau local, et ce en vérifiant les informations d'authentifications communiquées par l'utilisateur externe lors de l'établissement de la connexion Bureau à distance et son appartenance au groupe d'utilisateurs défini sur la stratégie d'autorisation d'accès aux ressources.

En outre, La Passerelle RDS étant basée sur un serveur Web (Microsoft IIS) et nécessitant l'utilisation d'un certificat SSL, les échanges avec les clients distants sont encryptées et les données RDP sont encapsulées dans un canal sécurisé HTTPS, par conséquent le seul flux à ouvrir entre le Pare-feu (physique) de votre entreprise et le réseau externe (comprenant tous les sites distants) est le HTTPS (Port 443). Cela permet d'éviter l'ouverture de flux RDP et minimiser la surface d'attaque au niveau de votre S.I

 La Passerelle RDS doit être placée sur le réseau DMZ. Pour permettre l'accès aux utilisateurs des différents sites distants, seul le flux 443 est à ouvrir. Voir le schéma ci-après

Création des Stratégies CAP et RAP

Pour sécuriser les connexions Bureau à distance provenant de l'extérieur, des stratégies **CAP** (**C**onnection **A**uthorization **P**olicies) et **RAP** (**R**esource **A**uthorization **P**olicies) doivent être mises en place.

Les stratégies CAP et RAP peuvent être crées à l'aide de plusieurs outils :

- Gestionnaire de Passerelle des Services Bureau à distance (outil **TSGateway.msc**)
- Windows PowerShell (via l'utilisation du module PS : **RemoteDesktop**)

Installation de la Passerelle RDS 2016

Suivez les instructions suivantes pour déployer correctement la Passerelle RDS :

- Ouvrez une Session Windows sur le serveur depuis lequel vous gérez votre déploiement RDS
- Lancez le Gestionnaire de Serveur
- Cliquez sur « **Services Bureau à distance** » et ensuite sur le volet « **Vue d'ensemble** »
- Sous « **VUE D'ENSEMBLE DU DEPLOIEMENT** », cliquez sur le bouton **+** « **Passerelle des Services Bureau à distance** »

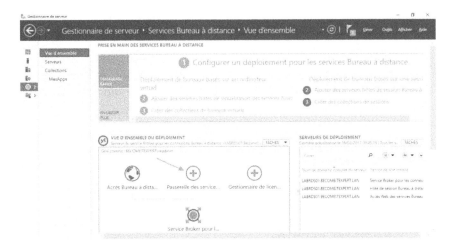

- Sélectionnez et ajoutez le serveur (Physique ou Virtuel) sur lequel la Passerelle RDS sera déployée et cliquez ensuite sur « **Suivant** » pour continuer. Dans l'exemple suivant le serveur **LABRDS01.BecomeITExpert.lan** sera ajouté :

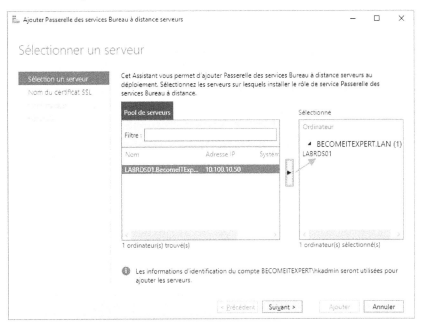

- L'utilisation d'un certificat SSL représente un prérequis pour le déploiement de la Passerelle RDS, l'assistant d'Ajout de la Passerelle RDS permet de générer un certificat SSL « **Auto-signé** » lors du déploiement, il suffit donc de renseigner le nom « **commun** » du certificat pour pouvoir installer la Passerelle RDS, étant donné qu'un seul serveur RDG existe, le nom du certificat SSL portera le même nom (FQDN) que celui-ci :

Si vous utilisez une ferme de serveurs RDG (Cluster RDG), le nom « commun » du certificat SSL doit correspondre au nom FQDN de cette ferme.

- Vérifiez les informations et cliquez sur « **Ajouter** » :

- Vérifiez que l'état d'installation est passé à « **Réussi** » et cliquez sur « **Fermer** » pour fermer l'assistant :

Un certificat « Auto-signé » est généré automatiquement après installation de la RDG. Dans un environnement de production, il est recommandé d'utiliser un certificat SSL signé par une CA (Certification Authority).

- Une nouvelle console de gestion de la Passerelle RDS est désormais disponible et présente dans le Menu « Démarrer », il s'agit de l'outil « **Gestionnaire de Passerelle Bureau à distance** » :

Toute la gestion et administration de la Passerelle RDS se fait via l'outil « **Gestionnaire de la Passerelle RDS** », notez que celui-ci est inclut dans les outils **RSAT** (**R**emote **S**erver **A**dministration **T**ools) et peut être installé sur n'importe quelle machine cliente d'Administration pour gérer et administrer votre Passerelle RDS à distance, le gestionnaire de Passerelle RDS ressemble à l'image ci-après :

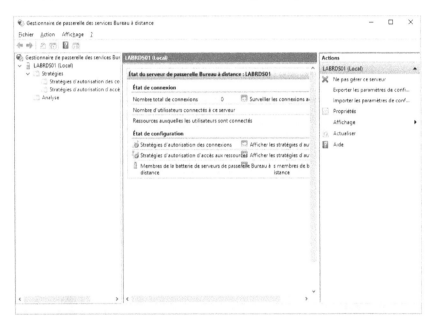

Tâches post-installation de la Passerelle RDS

Après déploiement de la Passerelle RDS, deux stratégies sont créées par défaut, développez et naviguez à *Nom_Serveur***Stratégies****Stratégies d'autorisation des connexions** et vérifier l'existence de la première stratégie nommée « **RDG_CAP_AllUsers** » :

Cette stratégie d'autorisation RDG autorise par défaut « tous les utilisateurs du domaine », nous allons éditez ses propriétés pour changer son nom par un autre plus significatif et définir le groupe AD « **UtilisateursRDS** » pour autoriser uniquement les utilisateurs qui en font partie, faites un clic-droit sur la Stratégie « **RDG_CAP_AllUsers** », sélectionnez « **Propriétés** » et remplacez le nom généré par défaut par « **RDG_CAP_UtilisateursRDS** » :

Rendez-vous sur l'onglet « **Configuration requise** » et cliquez sur « **Ajouter un groupe...** », enfin localisez et sélectionnez le groupe « **UtilisateursRDS** » (groupe de sécurité AD que devez créer au préalable) :

Maintenant, sélectionnez et supprimez le groupe par défaut
« **Utilisateurs du domaine** » :

Sous l'onglet « **Redirection de périphériques** », vous pouvez configurer les périphériques et ressources locales à rediriger, si la redirection est activée pour tous les périphériques, les restrictions définies au niveau de la Collection ou GPO seront appliquées :

Enfin, l'onglet « **Détails d'expiration** » vous permet de définir les délais d'inactivité et expiration des sessions ainsi que les actions à effectuer le cas échéant.

Maintenant que nous avons personnalisé la stratégie CAP, cliquez sur « **Stratégies d'autorisation d'accès aux ressources** » et vérifiez l'existence de la stratégie RAP par défaut « **RDG_ALLDomainComputers** »

Editez ses propriétés de la même manière que la stratégie CAP et remplacez le nom par défaut par « **RDS_ServeursRDS** » :

Spécifiez le groupe d'utilisateurs AD « **UtilisateursRDS** » sous l'onglet « **Groupes d'utilisateurs** », supprimez ensuite le groupe par défaut « **Utilisateurs du domaine** » :

Créez par exemple un groupe de sécurité AD que vous nommerez « **ServeursRDS** » et auquel vous ajoutez vos serveurs RDSH, rendez-vous ensuite sur l'onglet « **Ressource réseau** », cliquez sur « **Parcourir** » et sélectionnez le groupe « **ServeursRDS** » créé précédemment

Si nécessaire, vous pouvez spécifier plusieurs ports à utiliser sous l'onglet « **Ports autorisés** », si vos serveurs RDSH écoutent sur un port autre que le TCP 3389, vous devez le renseigner au niveau de cet onglet :

Si vous déployez la Passerelle RDS via l'assistant « Ajout de rôles et de fonctionnalités », les deux stratégies CAP & RAP par défaut ne sont pas créées.

La Passerelle RDS inclut un mode de configuration avancé vous permettant de configurer :

➡️ La limite du nombre de Connexions simultanées autorisées

➡️ Visualiser, importer ou créer un certificat SSL

⇥Modifier les paramètres réseau et de transport http

⇥Auditer les événements : connexion, déconnexion, échec de connexion, échec d'autorisation…

Pour accéder à ces options, faites un clic droit sur le nœud parent (nom du serveur) et sélectionnez « **Propriétés** » ou cliquez sur « **Propriétés** » depuis le volet « **Actions** » :

L'onglet « **Général** » vous permet de configurer le nombre maximal de connexion autorisée, celui-ci doit correspondre au nombre d'utilisateurs externes devant se connecter à l'infrastructure RDS via la Passerelle RDS (100 connexions externes dans l'exemple suivant) :

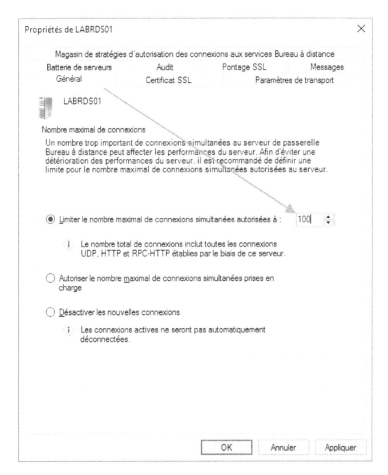

L'onglet « **Certificat SSL** » vous permet de visualiser le certificat SSL utilisé ainsi que sa date d'expiration, vous pouvez à tout moment en importer un autre provenant d'une autre source (e.i PKI interne ou externe) ou en créer un nouveau de type « **Auto-signé** » :

Les paramètres réseaux et de transport HTTP et UDP peuvent être configurés depuis l'onglet « **Paramètres de transport** », dans un environnement de production, la Passerelle RDG étant exposée au réseau externe, elle dispose généralement de deux cartes réseaux (NIC : Network Interface Adapter), le transport HTTP doit utiliser l'IP de la carte Public et UDP celle de la carte Interne :

Vous pouvez également auditer les connexions, déconnexions, autorisations (réseau et ressources)... via l'onglet « **Audit** », par défaut toutes les opérations effectuées sur la Passerelle RDS sont auditées :

En outre, vous pouvez configurer un message système à afficher sur les sessions des utilisateurs distants depuis l'onglet « **Messages** », cela devient pratique si vous êtes amenés à informer vos utilisateurs distants d'une maintenance prévue sur la ferme de serveurs RDS du déploiement (e.g : arrêt de production !). Vous pouvez également définir une heure de début et une heure de fin d'affichage du message.

Un message d'ouverture de session peut également être activé, vous devez en revanche saisir le texte à afficher dans un fichier texte (.txt) et l'ajouter en cliquant sur le bouton « **Parcourir** », enfin le bouton « **Aperçu...** » vous permet d'avoir un aperçu de votre message sur la Session distante.

Pour finir, notez qu'une fois déployée, la Passerelle RDS doit être spécifiée au niveau du déploiement RDS pour authentifier et autoriser les utilisateurs Bureaux à distance avant de les rediriger vers les ressources publiées.

Pour ce faire, éditez les Propriétés du déploiement RDS depuis **TÂCHES** sous **VUE D'ENSEMBLE DU DEPLOIEMENT** et cliquez sur **Passerelle des Services Bureau à distance**, enfin cochez « **Utiliser le serveur de Passerelle.. »** et spécifiez la Passerelle RDS :
LABRDS01.BecomeITExpert.lan dans notre cas

Pour pouvoir tester votre Passerelle RDS en local, décochez la case « Ignorer le serveur de Passerelle des services Bureau à distance pour les adresses locales »

Chapitre 4. Transformer vos serveurs RDS en mode « Core »

Plusieurs services de rôles RDS peuvent être hébergés et exécutés sur un Windows Server 2016 en mode « **Core** ».

Le tableau ci-après liste les services de rôles supportés sur Windows Server 2016 en mode Core :

Service de rôle RDS	Supporté sur Server Core
RDCB	
RDLS	
RDSH	
RDVH	
RDWA	
RDG	

 : pris en charge | : non pris en charge

 Pour en savoir plus sur la liste complète des rôles et fonctionnalités disponibles sur Windows Server Core 2012 et 2016, consultez cet article : http://urlz.fr/4obD

En outre, Windows Server 2016 « Core » prend en charge tous les agents (graphiques) de Monitoring, Antivirus, Sauvegarde ou encore Sécurité (Encryption de Disk /Files). Vous pouvez donc continuer à inclure vos serveurs RDS en mode Core dans le périmètre de vos solutions d'infrastructures existantes, et ce sans aucun impact.

Chapitre 4. Transformer vos serveurs RDS en mode « Core »

Pensez à privilégier l'utilisation du more « Core » pour vos serveurs Brokers (RDCB) et de Licences (RDLS).

Les serveurs RDCB et RDLS peuvent exécuter Windows Server 2016 en mode « Core ». les autres services de rôles ne sont pas pris en charge par cette option d'installation.

Chapitre 5. Autres « Best Practices »

Client RDC (Remote Desktop Connection)

Indépendamment du système d'exploitation, si le client Microsoft RDC est utilisé (outil : MSTSC.exe), la première recommandation est de le mettre à jour afin de disposer de la dernière version (actuellement la version 10.0 : fournie avec Windows 10 et Windows Server 2016) :

Ceci permet par exemple sur un Windows XP SP3 de bénéficier nativement de TLS pour protéger les sessions RDP mais aussi de profiter d'amélioration d'ergonomie et de corrections de Bugs.

Mise en place d'une PKI

La solution RDS ainsi que tous ses services et composants associés prennent en charge l'authentification forte : Authentification par carte à puce /Smart Card

Si vous disposez d'une infrastructure PKI existante, vous pouvez l'utiliser pour créer et configurer les certificats requis pour les serveurs et clients RDS.

Pensez en revanche à bien rediriger la ressource « **carte à puce** » depuis le client RDC vers la session Bureau à distance pour pouvoir authentifier vos utilisateurs via leur carte à puce.

 Pour forcer la redirection de la carte à puce (autrement le Driver du lecteur de la carte à puce), éditez les propriétés de votre Collection RDS > Paramètres du client > Cocher « Cartes à puce »

Utiliser IPSec

IPSec est nativement intégré aux OS Windows depuis la version 2000, il peut être utilisé pour protéger le traffic réseau lié au protocole RDP. L'utilisation d'IPSec permet l'authentification mutuelle par certificat du client et du serveur lors de la négociation IKE initiale.

La mise en oeuvre d'une telle architecture nécessite néanmoins la création d'une PKI pour supporter la génération des certificats client et serveur.

Référez-vous à la KB suivante pour en savoir plus :

https://technet.microsoft.com/fr-fr/library/cc730656(v=ws.11).aspx

Un eBook sur la conception et implémentation d'une infrastructure IPSec sous Windows Server 2016 sera bientôt disponible sur BecomeITExpert.com, so stay in touch ☺.

Changer les pratiques d'administration

« Un autre moyen pour sécuriser RDP est de ne pas l'utiliser ! »

De manière générale, les Admins IT utilisent RDP afin d'ouvrir une session Bureau à distance sur un serveur dans le but d'utiliser les outils d'administration installés localement sur le serveur. Or certains services peuvent être administrés à distance et pas nécessairement depuis le serveur sur lequel ils s'exécutent. Dans ce cas, la méthode consiste à utiliser des outils d'administration depuis un système distant dédié.

C'est en particulier le cas pour les services Microsoft dont la quasi-totalité est administrable à distance, généralement à l'aide du protocole **RPC** (**R**emote **P**rocedure **C**all)

Prenons l'exemple d'une infrastructure système Windows Server comprenant de multiples DC (Domain Controllers, DHCP Servers, DNS Servers, File Servers et Print Servers : si vous êtes amenés à gérer /administrer ces serveurs, il est recommandé de le faire via l'utilisation des Outils d'Administration de Serveur Distant (**RSAT** : **R**emote **S**erver **A**dministration **T**ools) plutôt que d'ouvrir une Session Bureau à distance par serveur.

Microsoft pousse d'ailleurs de plus en plus vers cette méthode d'administration à distance avec l'utilisation de mode "Core".
Enfin, Windows Powershell prend une part de plus en plus importante dans l'administration des services Microsoft via des services Web de type WinRM ou ADWS.

Les outils RSAT peuvent être installés sur un Serveur d'Administration ou un poste client d'Administration. Les binaires de ces outils sont fournis par défaut dans Windows Server 2016, quant au Windows Client, les sources d'installation sont à télécharger depuis le Centre de Téléchargement Microsoft.

Pour télécharger les RSAT pour Windows 7 (avec SP1) :
https://www.microsoft.com/fr-
fr/download/details.aspx?id=7887

Pour télécharger les RSAT pour Windows 8.1 :
https://www.microsoft.com/fr-
fr/download/details.aspx?id=39296

Pour télécharger les RSAT pour Windows 10 :
https://www.microsoft.com/fr-
FR/download/details.aspx?id=45520

Pour installer les outils RSAT sur Windows Server 2016, exécuter la commande suivante depuis Windows PowerShell :
Add-WindowsFeature RSAT

Activer le Mode « Restricted Admin »

Par défaut, les mots de passes des comptes utilisateurs ainsi que leur Hashes sont généralement stockés sur le Disque et dans la Mémoire du Poste de travail ou Serveur, si votre machine est compromise, vos informations d'identification peuvent être réutilisées par un Hacker pour accéder à d'autres systèmes /plateformes /services critiques sans que vous soyez au courant. Cette attaque est connue sous le nom **PtH** (**P**ass-**t**he-**H**ash).

Introduit avec Windows Server 2012 R2 et 2016, la fonctionnalité « **Restricted Admin Mode** » ou « Mode d'Administration Restreinte » a été conçue pour protéger les comptes Administrateurs (locaux et du domaine) contre ce type d'attaque en s'assurant que les informations d'identification saisies lors d'une connexion Bureau à distance ne soient mémorisées et stockées dans la mémoire de la machine distante, qui peut potentiellement être compromise.

Quelques scénarios typiques

- ⮊ Equipe Help Desk utilisant un compte 'Administrateur' pour effectuer du support N1/N2 à distance (via RDP) sur les machines des utilisateurs du réseau

- ⮊ Equipe IT Admins utilisant un compte 'Administrateur du Domaine' pour effectuer du support N3 à distance (via RDP) sur des serveurs Membres.

Processus d'ouverture de Session RDP

Lorsque vous établissez une Connexion Bureau à distance sur une machine distante, vous êtes invités à vous authentifiez : Apparition de la fameuse boite de dialogue « **Sécurité de Windows** » :

L'authentification se fait dans un premier temps avec le service local RDP via le Process « **Remote Interactive Logon** ». Dans ce contexte, le mot « Interactive » signifie que l'utilisateur saisi « physiquement » son nom d'utilisateur et son mot de passe associé.

Le Service RDP tente ensuite d'ouvrir une Session Réseau sur la machine distante pour vérifier si l'utilisateur est autorisé à s'y connecter/accéder ou pas. Lors de cette phase, aucune information d'identification n'est requise. En effet, le ticket Kerberos ou Hash NTLM ayant été créés lors de l'ouverture de session initiale peuvent être utilisés pour l'authentification via réseau.

Une fois authentifié par le service RDP de la machine distante, les informations d'identification de l'utilisateur sont envoyées à travers un canal sécurisé vers la machine distante, l'ouverture de session « Interactive » a lieu ce qui permet à l'utilisateur distant de voir et accéder au Bureau à distance.

Prérequis

La fonctionnalité « Restricted Admin Mode » est prise en charge par les OS suivants uniquement :

- ▣ OS Server : Windows Server 2016 et 2012 R2
- ▣ OS Client : Windows 10 et 8.1

Vous pouvez donc l'implémenter uniquement pour sécuriser des Connexions Bureau à distance établies depuis et vers les OS cités ci-dessus.

Dois-je utiliser le mode « Restricted Admin » ?

Si vous souhaitez restreindre les accès Bureau à distance sur des machines pouvant présentées un problème (machine présentant des problèmes de stabilité, potentiellement compromise, infectées par des virus…), vous pouvez envisager l'activation du mode « RestrictedAdmin », car comme expliqué précédemment, vous pouvez être sûre que vos informations d'identifications ne peuvent être réutilisées par un programme malveillant ou un Hacker pour s'introduire sur d'autres machines du réseau jugées « critiques » comme les DC, BDD, Filers …

Cependant, certaines « Best Practices » de l'éditeur soulignent une préférence pour le « Hardening d'OS » incluant la mise en place de stratégies de sécurité pour renforcer la sécurité des comptes Administrateurs (locaux et du domaine), comme par exemple :

- ▣ Le compte « Administrateur du Domaine » doit uniquement être utilisé pour s'authentifier sur les DCs pour gérer et administrer l'infrastructure AD mais JAMAIS pour administrer les serveurs membres, les machines des utilisateurs du réseau …

- ▣ Chaque machine du réseau doit avoir un compte « Administrateur » et mot de passe unique pour les besoins de gestion, d'administration et support

Activer ou Désactiver le mode "Restricted Admin"

Le Mode "Restricted Admin" est désactivé par défaut.

Pour activer cette fonctionnalité sur les machines cibles, une nouvelle clé doit être créée au niveau du BDR (Base de Registre), voir les paramètres suivants:

-Chemin :
HKEY_LOCAL_MACHINE\System\CurrentControl Set\Control\Lsa
-Valeur DWORD (32-bits) : **DisableRestrictedAdmin**
-Données de la valeur : **0**

Utiliser le mode "Restricted Admin"

Une fois activé, le mode « Restricted Admin » doit être forcé sur l'ensemble des machines du réseau (cibles) sur lesquelles vous vous connectez via Bureau à distance.

Cette configuration peut être effectuée d'une manière centralisée sur un ensemble de serveurs /postes de travail via GPO, et ce via l'utilisation du paramètre de Stratégie de groupe suivant :

-Chemin : **Configuration Ordinateur | Stratégies | Modèles d'administration | Système | Délégation d'informations d'identification**

-Paramètre : **Limiter la délégation d'informations d'identification à des serveurs distants**

-Valeur du paramètre : **Activé**

-Mode restreint : **Requérir une administration restreinte**

Une fois activé, si vous établissez une Connexion Bureau à distance (en mode « Normal » sans le paramètre /RestrictedAdmin) sur un serveur distant, le message suivant apparaît :

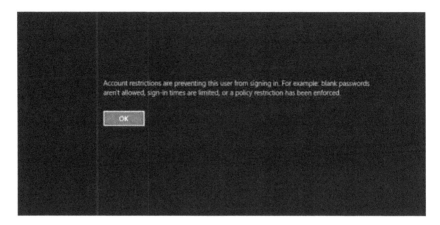

Maintenant, essayez de vous connecter à votre machine distante en exécutant la commande suivante :
MSTSC /RestrictedAdmin

Cette commande peut être lancée depuis le Menu « Exécuter » ou l'Invite de commande (CMD.exe)

Comme illustré dans l'image ci-après, la connexion Bureau à distance avec le mode "RestrictedAdmin" renforcé permet l'ouverture de la Session Bureau à distance :

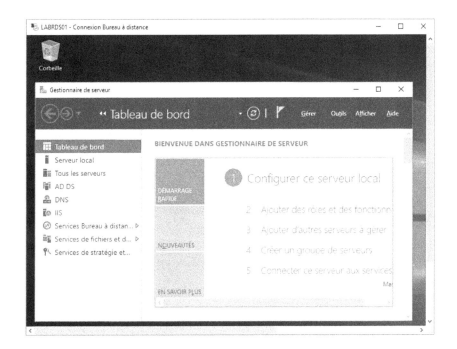

Le mode « Restricted Admin » est représenté par un paramètre de l'outil MSTSC.exe et plus précisément le paramètre **/RestrictedAdmin**, lancez MSTSC /? depuis l'invite de commande (CMD.exe) ou le Menu Démarrer et constatez la disponibilité du mode « /RestrictedAdmin » :

Utilisation de la connexion au Bureau à distance ✕

MSTSC [<fichier de connexion>] [/v:<serveur[:port]>] [/admin] [/f[ull screen]] [/w:<largeur>
/h:<hauteur>] [/public] | [/span] [/multimon] [/edit "fichier de connexion"]
[/restrictedAdmin] [/remoteGuard] [/prompt] [/shadow:<IDsession> [/control]
[/noConsentPrompt]]

"fichier de connexion" -- Spécifie le nom d'un fichier RDP pour la connexion.

/v:<serveur[:port]> -- Spécifie l'ordinateur distant auquel vous connecter.

/admin -- Vous connecte à une session d'administration d'un serveur.

/f -- Démarre le Bureau à distance en mode plein écran.

/w:<largeur> -- Spécifie la largeur de la fenêtre du Bureau à distance.

/h:<hauteur> -- Spécifie la hauteur de la fenêtre du Bureau à distance.

/public -- Exécute le Bureau à distance en mode public.

/span -- Fait correspondre la largeur et la hauteur du Bureau à distance avec celles du bureau virtuel local, en répartissant si nécessaire sur plusieurs moniteurs. Pour répartir sur plusieurs moniteurs, ces derniers doivent former un rectangle.

/multimon -- Configure la présentation du moniteur de la session du Bureau à distance de façon à ce qu'elle soit identique à la configuration actuelle du côté client.

/edit -- Ouvre le fichier de connexion RDP spécifié pour la modification.

/restrictedAdmin -- Vous connecte au PC ou serveur distant en mode d'administration restreinte. Dans ce mode, les informations d'identification ne sont pas envoyées au PC ou serveur distant, ce qui peut vous protéger si vous vous connectez à un système endommagé. Toutefois, les connexions établies depuis le PC distant ne sont pas nécessairement authentifiées par les autres PC et serveurs, ce qui peut nuire à la fonctionnalité et à la compatibilité des applications. Sous-entend /admin.

/remoteGuard -- Connecte votre appareil à un appareil distant à l'aide de Remote Guard. Remote Guard empêche l'envoi des informations d'identification à l'appareil distant, ce qui peut protéger vos informations d'identification si vous vous connectez à un appareil distant endommagé. Contrairement au mode d'administration restreinte, Remote Guard prend également en charge les connexions établies à partir de l'appareil distant en redirigeant toutes les demandes vers votre appareil.

/prompt -- Demande vos informations d'identification lorsque vous vous connectez au PC ou serveur distant.

/shadow:<ID session> -- Spécifie l'ID de session que vous souhaitez afficher.

/control -- Permet le contrôle de la session.

/noConsentPrompt -- Permet la copie shadow sans accord de l'utilisateur.

OK

Limitations du mode "RestrictedAdmin"

Comme expliqué précédemment, quand le mode "Restricted Admin" est activé, l'utilisateur authentifié sur la machine distante n'a pas la possibilité de se connecter sur d'autres machines ni ressources du réseau,
En effet, la délégation étant restreinte, les connections vers les autres machines s'effectuent via le compte d'ordinateur local.

Vous risquez (par exemple) de ne pas pouvoir vous connecter à un lecteur réseau depuis une Session Bureau à distance.

Dans l'exemple suivant, une Connexion Bureau à distance (en mode Restricted Admin) a été ouverte sur le serveur RDS LABRDS01. Le Gestionnaire de Serveur de ce dernier a été lancé et une tentative de Connexion sur un serveur distant (DC > LABDC01) a échouée (pas de délégation d'informations d'identification). Vous obtenez donc le message « Accès refusé »

Cette fois ci, une Connexion Bureau à distance (en mode normal : sans le Mode Restricted Admin) a été ouverte sur le serveur LABRDS01. Le Gestionnaire de Serveur a été lancé et une tentative de Connexion sur le serveur distant LABDC01 a réussie :

Activer le Mode « Remote Credential Guard »

Le géant américain a lancé l'année dernière le "**Credential Guard",** une fonctionnalité de sécurité native dans Windows 10 Enterprise et Windows Server 2016. Credential Guard aide à empêcher le vol d'informations d'identification et permet de réduire l'efficacité des attaques Kerberos telles que Overpass-The-Hash et Pass-the-Ticket.

Récemment, avec la publication de la mise à jour "Anniversaire" Windows 10, Microsoft a annoncé la disponibilité du "Remote Credential Guard", une nouvelle fonctionnalité de sécurité qui vise elle aussi à protéger les informations d'identification sur les connexions Bureau à distance en générant des tickets de service nécessaires à partir de la machine source au lieu de copier les informations d'authentification (Haches et TGT) vers la machine cible.

Le Remote Credential Guard peut être considéré comme le successeur /remplaçant du mode "Restricted Admin".

En effet, les deux fonctionnalités s'activent et fonctionnent de la même manière, la seule différence réside dans le fait que le Remote Credential Guard ne limite pas l'accès aux autres ressources du réseau en redirigeant de nouveau toutes les demandes d'identifications vers la machine cliente du réseau.

Comme vu précédemment, ce n'est pas le cas avec le mode "Restricted Admin", qui nous a empêché de se connecter gérer à distance le DC LABDC01.

Un article détaillé sur le "Remote Credential Guard" a été rédigé et publié par CyberArk, je vous invite à consulter pour en savoir plus sur cette nouvelle fonctionnalité :
https://www.cyberark.com/blog/no-pass-hash-exploring-limitations-remote-credential-guard/

Prérequis

La fonctionnalité « Remote Credential Guard » est prise en charge par les OS suivants uniquement :

- OS Server : Windows Server 2016
- OS Client : Windows 10 (Entreprise)

Vous pouvez donc l'implémenter uniquement pour sécuriser des Connexions Bureau à distance établies depuis et vers les OS cités ci-dessus.

Activer ou Désactiver le mode " Remote Credential Guard "

Le Mode "Remote Credential Guard" est désactivé par défaut.

Il s'active de la même manière que le mode « Restricted Admin », il suffit donc de créer /ajouter la clé de Registre suivante sur vos machines cibles :

-Chemin:
HKEY_LOCAL_MACHINE\System\CurrentControl Set\Control\Lsa
-Valeur DWORD (32-bits) : **DisableRestrictedAdmin**
-Données de la valeur : **0**

Cette clé de Registre peut également être
crée en exécutant la commande suivante
(depuis CMD.exe lancée en tant
qu'Admin) :

**Reg.exe Add
HKLM\SYSTEM\CurrentControlSet\Control\Lsa /V
DisableRestrictedAdmin /D 0 /T REG_DWORD**

Utiliser le mode " Remote Credential Guard "

Une fois activé, le mode « Remote Credential Guard » doit
être forcé sur l'ensemble des machines du réseau (cibles) sur
lesquelles vous vous connectez via Bureau à distance.

Cette configuration peut être effectuée d'une manière
centralisée sur un ensemble de serveurs /postes de travail via
GPO, et ce via l'utilisation du paramètre de Stratégie de
groupe suivant :

-Chemin : **Configuration Ordinateur | Stratégies |
Modèles d'administration | Système | Délégation
d'informations d'identification**

-Paramètre : **Limiter la délégation d'informations
d'identification à des serveurs distants**

-Valeur du paramètre : **Activé**
-Mode restreint : **Requérir Credential Guard à
distance**

Le mode « Remote Credential Guard » ou « Credential Guard à distance » est représenté par un paramètre de l'outil MSTSC.exe et plus précisément le paramètre **/remoteGuard**, lancez MSTSC /? depuis l'invite de commande (CMD.exe) ou le Menu Démarrer et constatez la disponibilité du mode « **/remoteGuard** » :

Dans l'exemple suivant, nous allons établir une Connexion Bureau à distance en mode « remoteGuard » sur le serveur distant « LABRDS01 » :

A propos de l'auteur

Hicham KADIRI est Architecte Spécialiste Infrastructures Microsoft. Il est Microsoft MVP (Microsoft Most Valuable Professional) Cloud and Datacenter Management et certifié Microsoft MCSA, MCSE, MCTS, MCITP et MCT.

 Il est en charge de toutes les phases de mise en œuvre des infrastructures systèmes et Virtualisation : conception, maquettage, pilotage et déploiement. Il est aussi référent technique pour les clients grands comptes nationaux et/ou internationaux et participe à des projets d'envergure de migration et de rationalisation d'infrastructure.

Enfin, il transmet au lecteur, à travers ce livre, toute son expertise et retours d'expérience sur la sécurisation et durcissement d'une infrastructure RDS 2016.

Découvrez mes autres Books /eBooks

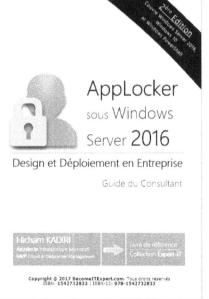

D'autres eBooks sont disponibles sur :
https://BecomeITExpert.com

.